Jesús Coria

El jardín evanescente

Regreso inesperado a Ogigia

Poemas

Platero
COOLBOOKS

Título: El jardín evanescente. Regreso inesperado a Ogigia
Primera edición: julio, 2025
© 2025, del texto Jesús Coria.
© 2025, de la edición, maquetación y diseño Platero CoolBooks.
© Platero Editorial S.L.
Glorieta Fernando Quiñones s/n .
Edif. Centris, planta 2, módulo 10. 41940 Tomares (Sevilla)
info@plateroeditorial.es
www.plateroeditorial.es
Diseño de cubierta: Platero Coolbooks.
Printed in Spain-Impreso en España
Depósito legal: SE 1347-2025
ISBN: 979-13-87720-27-8

Índice

Prólogo

De la evanescencia perfumada que dejan los dulces amores

A pesar de su nombre, este libro no es un jardín. Ni un florilegio. Ni una colección de meros parajes, aunque en él asomen —de vez en cuando— árboles, flores y pájaros; o no falten «aquellos poemas que cuenten la alegría de las flores y el jardín». Ni «horizontes de labios entreabiertos», en cuyos confines nebulosos agonizan de lujuria los enamorados clandestinos.

Sí que hay árboles como los almendros, los pinos, las encinas o los tilos; o flores como las humildes margaritas. Y pájaros discretos, pero orgullosos de lo vivido y de lo que no se vivió. Pájaros vivos. Pájaros rebeldes. Románticos pájaros que no renuncian ni a la poesía ni a la vida: nunca aves a las que se pueda tildar de «gorriones contrarrevolucionarios» ni «señores pájaros», por utilizar dos títulos de libros relativamente recientes.

Este libro es un laberinto impregnado por el olor que deja en la tarde la misma «asimétrica cadencia» de lluvia bajo la que reverberan nuestras más profundas emociones. Nos conducirán de la mano hasta su puerta Virgilio y Dante. Por él, deambularán —perdiéndose y encontrándose— Shelley, Keats, Heine, Baudelaire, Pessoa, Saint-Exupéry, Pavese, Eluard, Kavafis, Amelia Rosselli o Gregory Corso.

Porque el romanticismo no murió cuando dicen los manuales de literatura que tenía que morir. El romanticismo ha llegado hasta hoy, y —por eso— si este libro fuera un jardín, sería un jardín romántico.

En este libro la poesía no renuncia a resonar, a remover sentimientos, a emplear todos los instrumentos de la orquesta y todos los recursos de la retórica para lograrlo. Y a caminar entre géneros o revolotear por los grandes escenarios de la historia literaria e intentar ascender a los palcos inaccesibles, decadentes y barrocos de la «gran belleza». Este libro no sacrifica la intensidad por ajustarse a manuales de estilo.

Algún día, en algún lugar, un crítico aquejado de repentina lucidez escribirá que hubo un tiempo en que la poesía —a fuer de quitarse prendas y ser cada vez más pretendidamente lírica— tuvo la tentación de volverse, en países como el nuestro, raquítica, esquemática, pequeñoburguesa; controlada, según parece que ha llegado a estar, por comisarios políticos de la estética en su repartición de las migajas de lo bello, del triste festín de la parquedad léxica y la miseria espiritual.

Esta no es poesía dictada por la poética de ningún grupo de los que decretan el fin de la sentimentalidad y premian la vulgaridad prosaica so pretexto del mínimo lirismo. No es poesía que se piensa, sino poesía que se siente. Ya era hora. Es el laberinto de romanticismos por el que pasean su desesperación poetas decadentes y suicidas proclives a la melancolía.

La poesía como la mejor «forma de estar solo». La poesía como uno de los privilegiados modos de atravesar los mares del conocimiento, las sensaciones y el deseo. Como matemática de la palabra donde importa tanto el sonido como el silencio; los vocablos como los espacios vacíos que quedan entre ellos. Pues, a pesar de que se diría que en los versos de este libro —y como reza una de sus partes— «nunca es primavera», hay —allí— en el fondo de la fronda de metáforas donde nos invita a extraviarnos, un remanso y un sosiego esplendorosos.

Ya que la poesía de Jesús Coria se despliega en estas páginas como un laberinto de amor, de soledad, de compasión y de erotismo que no tiene, en realidad, fin; y en el cual nuestro poeta se rememora y reconstruye. No se trata, por tanto, de hallar la salida, sino de permanecer en aquél. Si bien hay un poema que nos habla de un reencuentro: es el que lleva por título «Conversación». ¿Acaso no constituye todo el libro un conjunto de conversaciones y coloquios del autor consigo mismo o los demás?

Hay, sí, una composición donde el habitual «tú» amoroso se ve sustituido por otro; fantasmal, y no menos añorado o querido. Es un soliloquio desde la memoria, un diálogo con la madre que no está, es una reflexión o —más bien— un quejido sobre la pérdida, sobre lo perdidos que estamos cuando se marchan quienes más nos quisieron.

Hablar con tales espectros nos coloca ante nosotros mismos. Nos hace saber lo que somos y queremos. Porque sólo les pedimos lo que de verdad importa. La poesía consiste —también— en eso: en una conversación entre sombras sobre lo sagrado de la vida y de la muerte.

Puesto que puede existir «el paraíso en la tierra» sin que necesariamente tenga que desaparecer. Pero no será nunca eterno. No durará mucho. No durará…

Y de ahí la romántica melancolía.

Luis Díaz Viana,
Antropólogo, Filólogo y Escritor,
«Las tres chimeneas»,
Viana de Cega (Valladolid)

Introducción

De jardines evanescentes

El jardín es sentimiento-pensamiento (o pensamiento-sentimiento) en el que vivimos. Pero también, lugar que pensamos en el sentimiento y sentimos en el pensamiento.

—Rosario ASSUNTO, *Ontología y teleología del jardín*

Alguna vez leí que Nabucodonosor II mandó construir en Babilonia unos legendarios jardines para que su esposa Amytis pudiera seguir gozando del paisaje, aromas y colores de su lejana tierra natal. Fueron una delicada prueba de amor que alcanzó carácter mítico en la Antigüedad clásica y que explica el origen de una de las Siete Maravillas del Mundo Antiguo.

Nunca se encontraron suficientes restos arqueológicos que pudieran atestiguar su existencia en aquella ciudad. Ahí radica la principal atracción que este aparente anticipo de *Las mil y una noches* sigue despertando en mí. ¿Se trata de una quimera? ¿Exageraron los viajeros de la Antigüedad al describir esta obra? Quizá alguna vez puedan despejarse estas dudas, pero me gusta pensar que será posible por muchos siglos mantener el misterio y el encanto poético que provoca este relato.

El sentido que alberga esta singular parábola —y de ahí nuestro interés— no es otro que el intento de transformar

11

tiempo y espacio a los dictados del corazón. El rey caldeo mostraría así a las generaciones venideras que la fuerza de los sentimientos puede superar a la razón de Estado y a las gestas de gobierno, por notables y heroicas que fueren. Y aunque Rousseau no pensara en los protagonistas iniciales de esta introducción, su conocida sentencia sobre la razón vs. sentimientos alcanza aquí su sentido más profundo: «si la razón hace al hombre, el sentimiento le conduce».

Y por todo ello pensé que estos poemas podrían formar parte de ese jardín imaginario dedicado al cultivo de los sentimientos que ocupan una parcela fundamental de mi existencia. Un espacio, en suma, donde la belleza aspira a coronar los sueños, los silencios, confidencias y diálogos de amor que alguna vez pudimos encontrar en la espesura del camino. Rilke dejó escrito un hermoso y evocador poema en 1897 que arroja más luz sobre esta idea:

Quiero ser un jardín, en cuya fuente
despierten muchos sueños nuevas flores,
unas apartadas y soñadoras,
y en pláticas calladas las unidas (…)[1]

Contemplación, goce sensorial de la naturaleza y búsqueda de la belleza que conforman una delicada síntesis en la que se apoya la producción literaria y artística desde sus inicios. ¿Qué sería de alguno de los primeros relatos griegos —valgan los ejemplos de la Ilíada y la Odisea— sin la presencia de sus paisajes naturales y jardines? ¿Por qué aparece en el Génesis un Jardín Terrenal como referencia a la creación de Adán y Eva? ¿Cambiaría nuestra valoración artística el conjunto palaciego de la Alhambra si no presentara una extraordinaria síntesis entre el carácter evanescente, accesorio y temporal de sus jardines, con la decidida apuesta por

---

1 RILKE Rainer María, *Antología poética* (edición y traducción de Jaime Ferreiro).

la vocación de permanencia que atestiguan sus reductos arquitectónicos? Jardines y arquitectura logran aquí un equilibrio que sorprende al espectador: ¿dónde termina uno y dónde comienza el otro? La arquitectura, pobre en materiales y muy simple en ingenio constructivo, se reconcilia con otros valores más que trascienden los puramente estéticos gracias a elementos decorativos que se añaden y asemejan una segunda piel que la recubre con una delicada filigrana de estucos y cúpulas falsas de mocárabes. Así se logran mágicas combinaciones armónicas de luces y sombras que sorprenden al espectador y logran efectos ilusorios. Los jardines, el rumor de las aguas cantarinas —a veces resuelto en clave de sutiles notas musicales— y el reflejo del conjunto arquitectónico en las aguas se erigen finalmente en protagonistas, subyugan los sentidos y consiguen que lo accesorio, jugando a ser trascendente, nos llegue a convencer de que es posible el paraíso en la Tierra.

Podemos encontrar también, en otras latitudes y en diferentes culturas, otros jardines en los que descansaron de su paso por el mundo un extenso cortejo de poetas. Este es el caso del Cementerio Acatólico de Roma con John Keats (m. 1821), Percy B. Shelley (m. 1822), Juan Rodolfo Wilcock (m. 1978), Darío Bellezza (m. 1996), Amelia Rosselli (m. 1996) y Gregory Corso (m. 2001), todos ellos bajo un tapiz vegetal que envuelve para siempre su obra y su recuerdo. Shelley, al explorar aquel lugar en el que su admirado Keats dormía ya cubierto de margaritas y violetas que crecían sobre su cuerpo, exclamó que «cualquiera se enamoraría de la muerte con tal de ser enterrado en un lugar tan bello». No pudo saber entonces que el destino le había reservado también un lugar en ese hermoso paraje, a la sombra de la pirámide de Cestio.

Esta conjunción de solemnidad de restos arquitectónicos célebres —murallas y pirámide— ornamentados con el colorido de la pradera cosida de flores primaverales, entre cipreses y bajo cielos azules y radiantes, despertó también la imaginación de Henry James al decidir enterrar a la delicada Daisy Miller en Roma[2], muy cerca de donde reposaban dos de los personajes más representativos de la poesía romántica y que pertenecieron al elenco de «los dulces cantores de Inglaterra». Así definió Oscar Wilde al grupo de sus grandes literatos en lengua inglesa, completado —además de los ya citados Keats y Shelley— por Spencer, Shakespeare, Byron y Elisabeth Barret Browning[3]. Y así fueron venerados hasta nuestros días, convirtiéndose este recinto en el centro del movimiento romántico.

La figura de Angelo Poliziano constituye una singular fuente de recursos para entender la figura del jardín. Félix Fernández Murga recoge textualmente en una introducción a su obra «(…) la melancólica caducidad de los más preciados bienes terrenos, como la belleza, la juventud y la vida humana misma, simbolizados frecuentemente en la efímera lozanía de las flores[4]» en aquella mítica Florencia de Lorenzo el Magnífico. El jardín y sus frutos mostrarán así una recreación de la mente humana y de la reflexión neoplatónica en el universo de las ideas.

Los hermosos poemas de Poliziano y su transposición a la pintura en los pinceles de un artista como Botticelli ilustran el constante diálogo entre el hombre y la naturaleza[5]. El jardín representa así «el lugar del espíritu» dedicado a la «contemplación de la belleza[6]» y Rosario Assunto —buen conocedor de Rilke— los muestra como espacios diferentes a los que nuestra propia «cotidianidad consume consumiéndose en ellos[7]».

Es en el jardín donde la naturaleza y los sentimientos

---

2 JAMES H., Daisy Miller. *Otra vuelta de tuerca y otros relatos.*
3 WILDE O., «La tumba de Keats», en *Obras Completas.*
4 POLIZIANO A., *Estancias. Orfeo y otros escritos.*
5 Vid. MANZI, A., «Las parábolas ficianas del bosque y el jardín en las Stanze per la giostra de Angelo Poliziano». *Cuaderno sobre Vico 7/8.*
6 Ibidem.
7 ASSUNTO R., *Ontología y teleología del jardín.*

cultivados aparecen delicadamente atemperados por la cuidadosa actividad de quien dedica su esfuerzo a la imposible búsqueda de la belleza inmarcesible. Ese lugar donde madura un limonero en Sevilla —evocado por el poeta Antonio Machado— y que estará presente junto con los cielos de su infancia hasta su muerte en el exilio; o quizá aquel otro donde «(…) margaritas de rojos labios, las violetas empapadas de rocío / y las soñolientas adormideras apresan la lluvia del anochecer» que recrea Oscar Wilde en *Heu Miserande Puer*. Un recinto, en suma, que nos permite abrir horizontes a la alegría después de las tempestades de la noche, tal como nos recuerda también Amelia Rosselli[8]. Y en el que siempre podrás descansar del viaje, adormecido por las voces de la naturaleza presentes en nuestros sueños, aunque pudiera perder su sentido inicial por el paso de los años[9].

El mío —que despierta y aligera las oquedades de mi vida y que ofrezco en este libro— es, por definición, evanescente. No puedo aspirar a ser más que un jardinero atrevido que cuida sus flores para mantenerlas en el mejor estado, las cultiva y atesora de la manera que sabe y puede, consciente de su desdichada temporalidad.

Abro la puerta y apago las luces del cielo estrellado para la visita. Les dejo con el rumor del agua de los manantiales y los olores dulces del jazmín y la madreselva; las margaritas y las violetas seguirán creciendo sobre el cuerpo del poeta y sus versos. Quizá podamos encontrar en el viaje algún día en que las flores brillen felices sobre las aguas con el guiño centelleante de los primeros rayos de sol en la mañana. Cantarán pájaros y piedras hasta que los corazones palpiten y se confunda su latido con el murmullo de las calles que

---

8 «Questo giardino che nella mia figurata/mente sembra voler aprrire nuovi piccoli/orizzonti alla mia gioia dopo la tempesta/di ieri notte, questo giardino è bianco/un poco e forse verde se lo voglio colorare/ed attende che vi si metta piede, senza/ fascino la su pacificità (…)». ROSSELLI A., *Serie ospedaliera* (1963-1965).

9 BLAKE W., «El jardín del amor» en *Matrimonio del cielo y del infierno. Cantos de inocencia. Cantos de experiencia* (traducción de Soledad Capurro).

recorremos todos los días.

Ese es el instante mágico que siempre esperamos y que Cesare Pavese ofrece en uno de sus últimos poemas escritos un poco antes de su muerte en Turín. «Passerò per Piazza di Spagna»[10] reúne el sentimiento de abandono —estertores del amor fracasado— con la mirada humana transida por la belleza de un escenario urbano pleno de olores, color y monumentalidad en la ciudad de Roma.

Yo también sueño que alguna vez podré reunir la fuerza suficiente para regresar a Ogigia.

Quizá sea posible.

Jesús Coria

---

10 «(…) las piedras cantarán, / laterá inquieto el corazón / como el agua en las fuentes— / ésta será la voz que subirá tus escaleras (…) / El tumulto en las calles/ será el tumulto del corazón/ en la luz perdida (…)». PAVESE C., *Vendrá la muerte y tendrá tus ojos* (traducción de Beñat Argingoniz).

EL JARDÍN EVANESCENTE

Regreso inesperado a Ogigia

PROEMIO

(…) Así, un día nos vamos, con ideas entusiastas
y el corazón henchido de rencor y pesares,
vamos siguiendo el ritmo de las olas
meciendo nuestra infinitud en lo infinito de los mares (…).

—Charles BAUDELAIRE. «Poema 126» (fragmento), en
Las flores del mal. Traducción de J. Luis Guereña.

De cuando fuimos argonautas

El joven arquero Hilas desapareció cuando pretendía
llenar su cántaro de bronce con agua de un manantial.

A Luis Díaz Viana, argonauta.
Los dioses le guiaron hasta el río de su infancia.

Alguna vez
amanecimos desnudos en las playas de Lemnos,
rodeados de mujeres hermosas y crueles,
perfumadas
con aromas de tomillo, menta y flor de almendro.

Fuimos felices en el verano.
Pero tan sólo eso.

Una pausa en el viaje,
un destello de pasión entre la desmesura y la ausencia,
un grito arrojado contra la arena blanca junto al mar,

un sollozo mortecino de luna llena en la distancia.

Lo viví, creedme,
aunque yo sea ahora una huella de fantasma,
un trasnochado bardo,
aprendiz de trovador de rapsodias sin tino.

Esta noche vago por un anodino estanque
entre nenúfares de aguas tranquilas y náyades apasionadas.
Mis dedos cansados
acarician las sienes blancas de la edad infinita
bajo la bóveda oscura y sin estrellas de los cielos de Misia.

Los esclavos sirven manjares de dioses en mi mesa.
Nunca faltan los vinos de Creta con sabor a pinos silvestres
y tampoco las dulces canciones de las mujeres que me
esperan
al atardecer de los días, antes del sueño.

                        Ayer,
                             hoy.
                                Mañana.

Anhelo despertar en la patria de los dríopes
con el seco golpe del arado al rasgar la tierra pedregosa,
escuchar la siringa pastoril que me acompaña desde niño
y otear los campos ocres,
los trigos verdes que llegan a la colina,

poder sentir en mi cuerpo el calor del verano,
el sudor del trabajo, el fútil cansancio cotidiano.

Aquí no es posible la fatiga,
ni existe el fin del camino.

Beberé
el veneno de una vida que se alarga sin sentido

de tu boca de diosa inmortal.

LIBRO PRIMERO

De la primavera y los sueños

Venga la primavera,
que enamorados quiere (…)

—Angelo POLIZIANO. *Estancias. Orfeo y otros escritos.*
Traducción de F. Fernández Murga.

Mayo

Florecen en el jardín limoneros y geranios.
Fragancias y colores en las noches calmas de mayo.

Tiempo de risas juveniles
y festivos corazones

Lujuria contenida junto al mar de Ulises.

Eco sordo
de la fuente del placer,

anuncio de vida que nace y aligera
el despertar de la carne abierta al sol.

Las flores

Las flores que cortas para mí
retoñan sorprendidas en tus manos.

Aún respiran, ansiosas como yo,
el aliento de tu boca enamorada.

Si te acercas a leer este poema
y te atrapa la ternura de mis versos,
la música,
aquel instante fugaz que se encoge
y elige morir a tu lado,

si abrazas en la oscuridad las rosas blancas
que algún día sembré para ti
en el barbecho incandescente de tu cama,

no olvides que todavía es posible
derrotar la rebeldía del olvido

y descubrir, abierta al mar,

        una eterna primavera.

Vientos del sur

Todos los besos alcanzan la orilla.

—Paul ÉLUARD. «Como una imagen» (VI, fragmento), en *El amor la poesía*, traducción de M. Álvarez Ortega.

La improvisada imagen de tu mano
—sumergida entre las mías junto al mar—

atrapa
los ángulos rotos del tiempo en la mirada,
el último guiño del sol sobre las rocas.

Sombras y luces de una tarde que ya fue.

Las caricias se derramaron en las aguas.

Arrancan, delicadamente,
las pieles muertas de la última derrota
al mezclarse en el fondo con la arena.

Y besan en el abismo del silencio
las voces plateadas de los peces.

Se desvanecen los acordes de los vientos del sur
hasta llegar exhaustos a la orilla de la playa.

Vistieron el corazón de la última promesa.

Amor despavorido entre las olas y la espuma.

La última violeta marchita

De una flor ha huido el aroma
que era como el aliento de tus besos (...)

—Percy B. SHELLEY, «A una violeta marchita»
(fragmento), en *No despertéis a la serpiente*.
Traducción de J. Abeleira y A. Valero.

Escalinata de la Plaza de España. Roma, 2019

El roce de tus labios húmedos en la almohada
acaricia el espacio perdido de los sueños.

El soplo cálido de tu boca inunda la mía.
Abriga
los instantes previos al encuentro
que aún yace ahogado
en la atonía de un silencio cómplice.

Bostezan las palabras,
vibran los sentidos,
acoplados los cuerpos.

Una sonrisa
arrastra el dolor de la partida
hasta las huellas del presente que vivimos.

Las murallas
se desploman con la fuerza del deseo.

Tus dedos y los míos
son intérpretes de esta armónica y ritual sinfonía
que no muere nunca entre nosotros,

que despega veloz
mientras las horas vuelan detrás de los tejados
y los pájaros sin alas cantan romanzas antiguas
en el alambre de un amanecer

teñido de cielos grises.

Y con la primera luz del día,
la vida se detiene.

Espera ese instante eterno
en que me miras.

Mientras irrumpe la ternura
y crecen los gemidos,

mientras muere el aroma
y el sabor de los besos secos

de la última violeta marchita.

Melancolía

La tarde se contaminó de tu presencia.

El eco de las voces hizo el resto:
susurrar en cada esquina de tu calle
las palabras que convienen al oído.

Y que me hablan siempre de ti.

Pude pintar las aceras del color
de la lava de un volcán,

dibujar
corazones rotos con tu nombre y el mío,

escribir
mensajes apasionados en las paredes.

Una orquesta de jilgueros vagabundos
urdió con notas tristes y acordes desafinados
la melodía inacabada de una historia
que ya parece interminable,

que se agota y se desangra
sin una queja.

Y quedaron así, para siempre,
vestidos de gala, colgados de pinzas en el balcón
donde reina el abandono
y crecen abrazadas amargura y soledad

entre cardos orgullosos y ortigas vigilantes.

Despertó la tormenta y cumplió también su oficio:
arrastrar sobre el asfalto hasta el sumidero urbano
las huellas del pasado inmediato,

los escombros del absurdo, el desencanto,

y todas las sombras añejas de las fantasías por venir.

Desnuda de barrocos artificios,
brotó del corazón de todos mis versos

eso que los poetas decadentes llamamos

melancolía.

Tu dedo dormido en el papel

Observo con atención tu gesto,
el protocolo lento, preciso,
al tomar el lápiz y escribir
una línea tras otra en el cuaderno,

el movimiento atento de tus labios,

la dulce mirada al castigar
este atrevimiento infantil
cuando te observo,

cuando finjo leer sin decir nada,
sin hacer nada,
sin despegar mi mano de tu vientre.

Las letras huyen de las palabras,
las palabras se despiden de las frases.

Y el vacío se instala entre renglones

bajo tu dedo dormido en el papel.

Alguna vez

Entre el bullicio de las calles de Zamora
y el rumor del Duero en la voz de sus poetas.

I

Alguna vez te oí decir
que los árboles lloran hojas secas en otoño
y pintan sus labios de azul en primavera.

Que beben a escondidas las aguas de Valorio,
liban campos de amapolas junto al río
y dulces ramos de jazmín
con sabor a fruta tibia del verano.

Que se esconden y se abrazan asustados
al llegar las nieblas del invierno
sobre la catedral, el castillo,
y la torre que vigila el puente.

Alguna vez soñé
que me perdía entre las calles antiguas
de esta ciudad poblada de hechizos y misterios,
de motines medievales en el mercado y la iglesia.

II

Así fui o pude ser —en otras vidas
y en otro lugar incierto—
un conspicuo y pertinaz visitante
del recinto prohibido
de tus citas clandestinas.

Un atento explorador,
intérprete del laberinto
del salón de los espejos
que lleva hasta el dormitorio.

Esquivo y novel arquitecto,
diseñador fracasado
de la línea sinuosa
del contorno de tu espalda.

Aventajado escultor
de escuela praxiteliana,
atento al giro feliz y breve
de alguna elegante cintura.

Empedernido lector
de Pavese y Ungaretti,
con los pájaros de Paul Éluard
posados en la cabeza.

Jardinero heterodoxo
con la misión de regar
todas las flores tristes
que escondes en tu sonrisa.

III

Y mientras duermes,
atrapar el secreto de tu piel,

asomarme
al balcón de los geranios siempre rojos,

descender
las escaleras en penumbra

hasta encontrar el abismo

donde mueren las palabras.

Un lento despertar

Pude conocer el perfume de tu cuerpo desnudo
en el bosque de los tilos encantados,
bajo el rumor acompasado de la fuente del jardín.

El lento despertar de la tarde de domingo,
la brisa adormecida en la espesura de las flores,

la danza alegre de la lluvia entre las hojas
y el agua que crepita sobre el cántaro de barro,

me hicieron olvidar por un momento

la llegada silenciosa del ocaso,
el fin inesperado del imperio de la luz

y el paraíso en la penumbra de tus labios.

Saint-Exupéry

A Juan de Valorio.
Inseparables desde la infancia.

Yo quiero ser aviador
como Saint-Exupéry.

O mejor —ahora lo pienso—
emérito capitán de la escuadrilla
de pájaros de mi plazuela,

volar sobre tejados y el río
en los cielos de Zamora.

Yo quiero ser piloto
de un avión biplano,
destartalado, antiguo.
Arqueólogo, fadista, reportero,
explorador en la Polinesia,
doctor en ciencias ocultas,
juglar de coplas, *gourmet*,

y esnifar arena húmeda
entre aromas de los tilos.

Yo quiero ser aviador,
también cuando estalle la paz.

Pero como Saint-Exupéry.

Viajero eterno entre las nubes
que veo desde el balcón de mi casa,
nómada arrepentido, un vividor elegante,
seductor, frívolo, mundano,
chulo,
encantador personaje, figurín
con esmoquin blanco de fiesta,
copa de *champagne* en la mano

y pajarita negra.

Yo quiero ser aventurero
como Saint-Exupéry.

Colono de los volcanes
de mi pequeño asteroide
y dormir en Balborraz.

Asaltar riesgos inesperados,
paracaidista en Turín,
juegos de mesa, ruleta,
casino de Montecarlo y Ferrari

con una rubia platino junto al mar.

Y después,
cuando decida el momento,
hundir este avión antiguo,
enseña bermeja al aire,
en las costas de Marsella.

Creer —como *El Principito*—
que veo con el corazón,
que al primer amor se le quiere más,
pero no mejor.

Seré un simple observador
de las rosas con espinas
del jardín evanescente.

Aunque sea sólo el de este libro

                              y de tu vida.

Coleccionista de nubes

Colecciono nubes y dibujo tormentas
a la sombra de la casa en la que habito.

Coloreo en la mañana las ventanas
de verde y rojo, añil y plata,
con visillos transparentes a las luces del futuro.

Araño la *línea serpentinata*
de los humos negros de tu pelo
y engalano los recuerdos
con susurros ajados por la ausencia.

Podré así vestir y desnudar con premura
el silencio de tu voz,
inventar una razón en tu mirada
para cerrar con fuerza el postigo
a la llamada vehemente del amor,

       a la terrible inercia de un fracaso compartido.

Rasgo en cualquier noche mutilada de estrellas
las vigas de una memoria cautiva

y levanto las tejas encarnadas
de este corazón doliente y seco,
mudo,
derrotado en la pelea cotidiana
entre la huraña Cuaresma y don Carnal.

El viejo reloj de pared
que descuidó marcar las horas tantos años
hace girar —alocadas— las agujas

y estallan campanadas de verbena
que alegran mis días solitarios.

Ahora,
sin trincheras ni enemigos,
sin muros impermeables a las lluvias,
el vendaval que penetra, enloquecido,
barre los espacios en penumbra.

Arrasa
la mueca de dolor de este invierno prematuro

                    tortura del candil de la esperanza.

La esquina de los sueños cotidianos

Caminar sin ti con la mirada abandonada,
quebrar la esquina de los sueños cotidianos,

despedir con un trago yermo y anodino
la amargura, la sospecha, el desencuentro,
recosidos a la alfombra del pasado.

Desear que se acabe de una vez esta agonía
de palabras huecas,
equivocadas, sin sentido,
que me lleva indefectiblemente a tu lado.

Agotar la ansiedad de los silencios
cuando suena tu voz alegre en la distancia,

tachar el nombre equivocado
en todos los poemas que escribo ahora,
aunque sigan siendo para ti

y no lo sepas.

Se rompieron las cadenas de la espera
en las montañas,

se agostaron
los hechizos del encuentro
junto a la ciudad y el río.

Y se perdieron

aquellas baladas que cantaron
la alegría de las flores,
los colores del jardín

en el horizonte de tus labios entreabiertos.

Metamorfosis

A Trinidad Sánchez, siempre amiga,
Denia, agosto 2023.

Le abrí las puertas de mi corazón
y quiso saltar del tranvía en marcha
para pisar tierra firme.

Supongo que no advirtió
que hay pantanos peligrosos en Florida.

No tuve más noticias de ella
hasta que los ojos de un caimán
me recordaron a los suyos.

He decidido adoptarlo
por su insistencia.

Y a mi pesar.

Paseamos juntos por el parque
entre parejas alegres que se besan
en los bancos de madera.

Suspiro

Tiemblo

Sonrío

Me mira tiernamente.

Y yo le recito poemas de Gregory Corso.

Pero sólo
cuando cierra los ojos

y se duerme a mi lado.

Nunca es primavera

Salamanca, 28 enero 2021.

Deja

Que penetre lentamente
En el efímero reino de la magia y la belleza

Que caminen mis pasos
Por la arboleda sagrada de tu pubis

Que encontremos juntos
El camino de salvación de este nosotros

Entiende

Que tu lengua y mis dedos son
Dóciles siervos de una locura inesperada

Que esta vida rota se escapa
Por la herida envenenada de un amor transido

Que sólo podrá sanar
En el *témenos* del dios protector de las tinieblas

Permite

Que deslice mi cuerpo bajo el tuyo
En la penumbra de esta noche angosta

Que arrope los desnudos descarnados
En la hora que mueren los engaños

        Que brote por inercia la verdad.

Despierta

Envuelve bajo tu falda la pasión desbordada
Hasta que vuelvan los gemidos.

Descubre

Que existe el paraíso en la tierra
Sin necesidad de la muerte

Esconde entre las sábanas
La niebla que derrama tu mirada

Acércate.

Es la hora en que los esclavos del amanecer
Encienden la luz de sus alcobas

Y recorren la ciudad profunda
Vagones rebosantes de seres impasibles

Para encontrar sorprendidos

Que nada cambia

Y que nunca es primavera

LIBRO SEGUNDO

Del tiempo vestido de recuerdos

Cuando nos miramos
Arden las paredes con vida antigua
Arden las paredes con vida nueva (…).

—Paul ÉLUARD, «Bajo el ángulo de fuego» (fragmento), en
Últimos poemas de amor (versión de J. Munárriz).

LIBRO SEGUNDO

Del tiempo vestido de trasuertos

San Ivo

*Cualquier día de octubre de cualquier año
ante la iglesia de Sant´Ivo alla Sapienza, obra
maestra de Borromini.*

A Rosario Ruiz, poeta de la luz y del agua.

La curva esconde la razón y es ironía,
atrevida consecuencia de tus sueños,
rotunda explosión de carácter irredento

e impenitente huida de un vano despertar.

Tú,

eterno arquitecto de las sombras y de la luz
que haces volar sin alas
el corazón desteñido de esta tarde de octubre
entre secretos de armonía azotados por el viento.

Tú,

inquieto creador de escenarios irreales
donde los muros se doblan en imperfecto equilibrio

y el espacio se transforma y acomoda
fuera del tiempo en que viviste.

Las nubes

huyen impacientes del espejo de las aguas,
esquivan con un gesto arrogante
las cúpulas de la ciudad barroca

y besan, a lo lejos, las colinas.

El segundo anillo del infierno de Dante

(...) cuando leemos que la deseada sonrisa de la amada fue interrumpida por el beso del amante, éste, que jamás se ha de separar de mí, me besó tembloroso la boca.

—Dante ALIGHIERI, «Canto V, Segundo Círculo», en *Divina comedia*, traducción de A. Chiclana.

Y, para siempre, Rodin.

I

Todos los besos me saben a ti.
Irremediablemente.

Y es un enigma.

Quizá
porque deseo que sean sólo tuyos,
aunque me engañe.

Porque olvidé los de otras mujeres
—de antes y después— sin nombre,

su manera de hablar y su voz,
gestos y rostros. Y sus perfumes.

Pero nunca pude olvidar tus besos.

                                    Y ese es mi castigo.

II

Bajaré mañana al infierno con Dante y Virgilio
a rescatar los besos con sabor a menta fresca y jazmín
que siempre tienen sus labios.

Y aunque sólo recuerde ahora
el sabor dulce de tu boca, el tacto delicado
de unos dedos perfumados en batallas silenciosas
y no te pueda encontrar en la oscuridad del segundo anillo

me arriesgaré a ser azotado —eternamente—
por los vientos de una terrible borrasca
en el abismo donde ahora viven Paolo y Francesca.

No entenderán jamás que te busco
para saber que todo pudo ser verdad,

                        y que no fue una ilusión, una quimera.

III

Voy a grabar en la pared de aquella estancia,
la señal de todos los gestos desperdiciados,
intermitentes y fugaces,
de este imprevisto torbellino
que llega y que no da vuelta atrás

y se instala en el abrazo de una mágica nostalgia.

Y entonces,
sólo entonces,

quizá pueda recuperar esos besos
con aquel sabor inconfundible.

Y quizá, también,

a ti.

La soledad del poeta

(…) Ser poeta no es una ambición mía.
Es mi manera de estar solo.

—Fernando PESSOA, «El guardador de rebaños» (Poema I), en
Poemas de Alberto Caeiro, traducción de Pablo del Barco.

La soledad,
            mi soledad,

atiende al gesto indolente de tu rostro
en la última despedida, en la última sonrisa.

Mastica el sabor amargo del destino
con lágrimas del corazón entre tinieblas.

La soledad,
            mi soledad,

despierta en el bucle imposible de tus labios
en una sorda y torpe melodía entre las rocas,

en la pausada cadencia de las olas en la playa,
en la cruel promesa del futuro por venir.

La soledad,
           mi soledad,

vuela asustada con la desidia del presente,
con los pájaros del ayer dormidos
en el refugio entreabierto de tus manos.

        Instalado en la abulia pasajera de esta tarde.

                Sentado junto al mar.

Locura amarga

Los susurros embozados por la agonía de las sombras,
la pasión desbordada y los celos
hibernan lejos de aquí,

sobre el témpano de hielo de una calle descuidada
carcomida por la indiferencia y el olvido.

Las palomas mensajeras se perdieron en el viaje.

Ocuparon
los tejados de esa ciudad encantada
donde siempre te busco

para volver a tu lado.

Sueñan abrazadas a la lluvia de estrellas en agosto,
anidan
en las muecas del dolor de tu rostro,

aquel territorio donde nace
la comarca inaccesible de tus párpados,

marchita para siempre
 la memoria de tu piel sobre la mía.

Con el sabor a la locura amarga
de todas las noches contigo.

De fronteras

La frontera norte de mi cuerpo con el tuyo
entierra
bajo techos de coral y vidrio de colores
reliquias del pasado encadenado a la añoranza.

Camina por la pendiente de tus hombros desnudos
y hunde los cimientos de muros de cartón
en la arena de la isla de Ulises y Calipso.

La frontera sur de mi cuerpo con el tuyo
recorre montañas en lejanos territorios,
ocupa el oasis generoso de tus pechos,
cruza puentes tallados en la ruina exquisita
de los sueños vencidos en la aventura del placer.

Abre las puertas de bronce de tu vientre
al ímpetu de la luna que ilumina la ventana,

al atardecer de cualquier vehemencia,

al triunfo de la libertad y la vida.

Las paredes de la gruta
se desploman ante el grito de caricias solitarias
en la profundidad oscura de tu falda,

muy cerca
de aquel lugar que nos hace vulnerables.

Un abanico abierto de miradas sorprendidas,
vuela sobre los prados sembrados de violetas

y las aguas cantarinas que riegan el jardín
en un viaje improvisado de ida y vuelta,
desde las rutas de una epopeya imposible

al sacrificio de la felicidad mundana.

De lo imposible

No desees lo imposible.

—Quilón de Esparta.

No hay otras rutas
para encontrar el tiempo perdido.

Me lo dijeron
el aliento fresco de la mañana,
el cielo pintado de nubes grises
cargadas de lluvia,

las piedras de la calle al saludarme,
aunque olvidaran tus pasos,

los balcones *Art Nouveau* y los fraileros
de la casa que tengo al frente
esta mañana de junio sin ti,

pero contigo,

mientras escribo en el cuaderno este poema
en la terraza del café de todas las tardes

y de todos los días.

Ni tampoco existe nada que me importe
fuera del umbral de tu sonrisa

y de ese delicado gesto cotidiano
que humaniza tu presencia fuera del papel,

que le da sentido a todos los recuerdos
en ese corto instante
que asaltan la memoria
al sentir tu mano cerca de la mía,

      y que me hacen vulnerable,

            débil,

trivial espectador ante el tiempo
que resbala veloz por mis ojos
y me conforta, al fin, del hastío del presente,

     que invade la melancolía en clave de suspenso.

Mientras la vida gira atropelladamente
en esa vieja película rodada en blanco y negro,
que me lleva, poco a poco,
hasta el último fotograma.

      Y estalla

          sin música

              el final.

De suelos, muro y paraíso

Sous les pavés, la plage.

Al París que late entre las páginas de Rayuela y
a la caída del muro que despreció durante largos años
la libertad en la ciudad de Berlín.

A Georges Brassens y la fina arena de la playa de La Corniche.

I

Busqué la silueta de tu sombra por las calles de París,
perdida entre la arena de la playa y los adoquines rotos.

Y resucitó de la muerte el color de la última primavera
con el perfume de las flores mustias de Pigalle
bajo el sol templado del otoño y la neblina permanente.

Allí,

donde habitan los bosques de libros junto al Sena,
donde camina La Maga sin destino
y la libertad explota sobre el Pont des Arts.

Allí,

donde entierras y descubres la sonrisa, los juegos,
el dibujo de tu boca en el séptimo capítulo,
donde tu lengua no ha perdido el sabor a fruta madura
y se mezclan los alientos con el ansia de abrazar
la esencia del amor.

Nada encontré bajo el pavés,

       piedra gastada,

              sucio cemento.

Venas de una ciudad destrozada por la edad,
revueltas de charca y detritus, pancartas y gritos huecos.
Hollín que resbala entre paredes de la Historia.

          Amnesia pasajera de todos mis recuerdos.

Cortázar, Vian y Gréco
reposan en Montparnasse.

Sartre y Beauvoir, juntos por fin,
duermen en la nada del último suspiro.

Gainsbourg seduce a Birkin

             y Moustaki se fue por el cielo azul.

Las aguas del mar y el olor a salitre siguen lejos,
junto a las olas mansas del refugio de Brassens.

Parténope busca a Ulises, exasperada.

Neptuno alquila sombrillas
y toma el sol rodeado de sirenas.

                                        Un verano más.

II

Conocí también el paraíso perdido
—el reino de la luz de Milton—
en un Berlín caduco y triste sin canciones de Marléne,
encerrado en una cárcel de muros y alambre:

disparos,

            barbarie,

                    sollozos,

                            puertas cerradas.

Alexander Platz, color gris de noviembre,
soplo de luz al final del túnel con gritos de libertad.

Y sólo me queda el trofeo de una decadente bohemia,
un trozo de sucio hormigón con letras de colores,
                                        rojo y azul,

                                        souvenir de turista.

III

Noté tu pelo húmedo en mi cuello
y unos pechos acostados en mi espalda.

Entonces,
voló mi boca hasta la boca deseada
para besar con avaricia,
profundamente,
unos labios con sabor a vida y a verdad.

El mar,

    el sol,

        el paraíso,

            siguen aún en su sitio.

Como siempre,

        y que siempre

            será el nuestro.

El silencio de los amantes furtivos

Hubo una primavera feliz en que las lilas
se colgaban de las ventanas de Montmartre.

I

Tu silueta se pierde al caminar
en un enjambre difuso de hombres y mujeres.

Atraviesa el *boulevard* por el jardín
y camina por calles solitarias
hasta encontrar el portal de la casa
donde se esconde el ansia del encuentro,
                    y la esperanza se disfraza de utopía.

Allí mueren la angustia y la amargura
con un corazón abierto y perfumado
por las lilas más dulces de Montmartre.

Las huellas de tu rostro en el cristal
se vacían con aliento entrecortado de mi boca

tras la batalla inacabada de siempre
entre el ardor y la indolencia.

II

El porvenir de los amantes furtivos
se esconde en delicadas capas de misterio
que se abren con desgana
en el amanecer pendiente,

                    que ya llega.

La última mirada, la última caricia,
despiertan
entre una maraña de manos enlazadas
que se buscan, que se palpan,
que se encuentran

y se unen, por fin,
bajo la mesa del *bistrot*.

La huida maquilla sus cejas
bajo el balcón de las horas

con los labios aún ardientes
de la última despedida.

Y se impone con rigor el silencio

                    en interminables minutos de descuento.

Habitación 346

A la memoria de Cesare Pavese.

Monólogo imaginado. Turín, 3 de agosto de 2023.

I
Cuando llegue la muerte,
le pediré que venga acompañada
de tu mirada más triste,
                 de tu aroma,

del andar derrotado
con una vieja maleta
repleta de fracasos
corroída por los celos.

Traerá también todas las páginas
del libro de nuestra historia,
que ya tiene escrito el final
a modo de una ritual despedida.

Sin más reproches,
sin más testigos que la soledad
de calles vacías y soportales
en una ciudad que emerge de la oscuridad.

Y que me recuerda tanto a ti.

Bella y distante, como tú,
racional y fría,
equilibrada, casi perfecta,

exactamente como tú,
tejida su esencia en un gris opaco a mi vista
sobre un áspero granito
que parece no mutar.

Sin ilusiones, sin alegría,
pero abierta siempre a la cita
con cielos cubiertos de nubes
que anuncian ya las lluvias
en un vencido mes de agosto.

Fin del verano en Turín.

II

Creo que todo seguirá como entonces,
como ahora,
como siempre,
si despierto del letargo de la angustia
que me invade en esta noche.

Muevo a ciegas mis manos
por encima de la almohada
para no poder encontrar la huella de tu cuerpo.

Otro intento más,
fallido, de recuperarte.

Vendrá ya la muerte.
La espero.
La oigo caminar por el pasillo.

                    Y no tengo miedo.

Sólo hastío,
un hastío infinito.

El teléfono no contesta.

          Melancolía.

               Pérdida imprevista

                         y definitiva.

III

Ya pasó todo el tiempo para mí
sin ti.

Marcharé con ella de la mano,
sin una queja.
Con el último suspiro
candoroso de amor,

entre palabras que musitan
quedamente tu nombre.

Le diré adiós al espejo
donde aún palpitan otros labios
teñidos del viejo carmín
de la última huida.

Y soñaré con el lejano canto de tu voz,
escondido entre sombras que tocan con sus dedos
el principio de un viaje sin regreso,
con tu imagen intermitente bajo la lluvia.
flotando entre los versos.

IV

Cerraré despacio la puerta
para no despertar historias felices
que pudieron dormir aquí alguna vez.

Porque sé que existen sólo los instantes.
Fugaces. Y llegan sin avisar.
Así podré olvidar los días.

Se marchitará la belleza
que pude atrapar y perdí
en la profundidad de poemas desdichados,
abrazados a la mujer que aún amo

            y que sigue perdida más allá de los mares.

Quiero dejar abandonada
en la fachada del hotel
la huella de un nombre junto al mío.

Para ahora, para siempre.

Me envolverán las tinieblas

        y entonces recordaré sus ojos.

                        Bellos.

LIBRO TERCERO

Del regreso

*Porque no espero volver jamás a la ciudad de los encantos
heme acá de regreso hacia mí (…).*

—Amelia ROSSELLI. *Poesías*, traducción de Alessandra Merlo.

La ventana en el tejado

(…) Quando sei qui vicino a me
questo soffitto viola.
No, non esiste più
Io vedo il cielo sopra noi (…).

—Gino PAOLI. *Il cielo en una stanza* (fragmento).

I

Ahora sé

que el amor envuelto en el celofán del deseo
se encuentra guardado para ti y para mí
en algún lugar de aquella habitación
con la ventana abierta al cielo.

Allí pude descubrir
el mapa topográfico de los sentimientos más bellos
con sus puntos cardinales entre nubes vaporosas,
las suaves curvas de nivel de tus pechos,
sus mesetas y pendientes, topónimos y caminos,

el acantilado desnudo de tu espalda
y el punto geodésico de un corazón ardiente,

aquel paisaje
que tú y yo conocemos tan bien,

donde la verdad se aparta

        y brotan las emociones.

II
Escribí
poemas apasionados al primer rayo del sol
que se posaba al amanecer sobre tu rostro
después de bostezar y dormir
la luna y todas las estrellas.

Y algún día

entre fantasías y tinieblas bailaron un vals
—con el compás tres por cuatro—
alguna constelación de planetas
con sus satélites favoritos

        y la fuerza gravitatoria prendida de su cintura.

Todo era posible entonces
en aquella habitación con la ventana abierta al cielo.

III

Ahora ya sé
que, si no olvido el sol de Venus en cada beso,
en cada mirada,
en cada minuto que vivimos,

mis dedos cantarines en el vértice de tu pubis,
en tus caderas,
y tu cuerpo abrazado al mío sin urgencias,

volverá —otra vez y para siempre—
el paraíso que habita en tus ojos tristes
bajo párpados que vuelan sorprendidos,

alegres al despertar
entre pájaros que anidan
en aquella ventana que conduce al cielo.

Y cerraremos así
el pacto cómplice del ansia de permanencia
en el lado izquierdo de tu cama,

mientras las huellas indestructibles de ternura
—sin fin y sin principio—
se van apoderando de esta tarde,
que no se quiere ir sin nosotros.

IV

Y si vuelvo a ser
nostálgico observador y cronista ilustrado
del espacio conquistado en la frontera de tu boca,
de tu cabello distraído sobre la almohada,
de tu piel
—campo de batalla ahora desatendido—
y de la que conservo con emoción todas sus rutas,
estallará de nuevo esa pasión escondida,

y vivirá entre nosotros,
sin miedo y para siempre.

Porque no puede morir de ausencia alguna
si abrimos de nuevo los tejados ahora
para que bailen otra vez
todos aquellos planetas de entonces
en el salón de las delicias de tu casa.

en aquella habitación que nunca quiero olvidar

con la ventana abierta al cielo.

Tilos en Palencia

*Fílira suplicó a Zeus convertirse en un tilo tras
haber concebido al centauro Quirón con
Saturno.*

—HIGINIO, Fábula CXXXVII.

*A Carmen Casado. Guarda el aroma de las
flores de tilo en algún rincón de sus palabras.*

Theros se ha posado otra vez
sobre los tilos de mi calle.

               Como todos los años.

Fílira, la hija de Océano,
abrió sus brazos leñosos al cielo
entre las copas desnudas del árbol
para cubrir de flores amarillas
las hojas verdes y las ramas descarnadas.

Y tejió con aromas dulces,

           delicados,

recónditos conjuros de amor
en un verano mutilado por los días.

Las garras de Eolo no pudieron arrancar
aquel fruto sutil, delicioso,
urdido y madurado en la nostalgia,

que se resiste a morir sin pelea
con las tormentas y la lluvia.

Y este inclemente sol,
que golpea con fuerza inesperada
el tambor fecundo del estío,
el pulso de los instintos
que brotan sorprendidos bajo el balcón,

es

un testigo intrascendente,

espectador imprevisto

de cualquier muerte

y de cualquier esperanza.

El refugio

Me hundo en el sofá.

Busco la postura adecuada
para mirar tu cuerpo desnudo,

para encontrar ese lugar común
donde mi mano se aprieta con la tuya,

para sentir que la vida y el placer
corren juntos,

desbocados.

Y se funden en un laberinto extraño
de espacios por descubrir cada tarde,
en soledad doliente y ternura compartida.

Y todo pasa tan deprisa.

Un torbellino de pasiones levanta los tejados,
excava las paredes de la casa

y golpea —inclemente— las ventanas.

Los abrazos descansan
en mullidos almohadones de dócil melancolía.

Desembarcan sin control,
en las burbujas de un presente sin futuro.

El reloj da la hora del fin del combate.

Se acabó.

Las luces
naufragan en la comisura de tus labios,
en el brillo ausente de unos ojos añorados.

Y mis dedos

se escapan otra vez entre tus piernas
para encontrar el camino de vuelta

al cansancio de los días.

La ciudad y el antihéroe[11]

A Jesús Pérez.
Se adorna en los inviernos con una bufanda
de niebla perfumada con aromas del Duero.

Esta ciudad en mis recuerdos
ya no despierta de la siesta.

Dormita a cualquier hora
y en cualquier año de cualquier vida.

Reposa entre despojos
de alguna recóndita leyenda

y se muere tranquila, casi por inercia,
silenciosamente,

        paseo,

            Instituto,

                lecturas,

                    mi plaza.

---

11 Francisco de Valdés pudo impedir la toma de Zamora por las tropas partidarias de Juana de Castilla gracias a la defensa de las torres del puente sobre el Duero. Con un cambio sorpresivo de bando propició el enfrentamiento final de la guerra civil en la batalla de Toro en 1476. Fue recompensado después por la reina Isabel y aún sigue desaparecido de las páginas centrales de la Historia (N. A.).

Años ciegos que pasan sin que nunca pase nada,

sin angustias,
                          sin freno,
                                          sin dueño y sin futuro.

Y ahora que vuelvo a descubrirte,
a descubrirme,

para encontrar mi lugar en tu corazón de piedra
con esa extraña sensación de vacío inmenso
que me asalta sorprendido en cada esquina,
en cada calle,

pierdo la memoria de lo que fuiste
y de lo que eres hoy,

de lo que fui y de lo que soy
cuando camino sin rumbo establecido
para velar tus hazañas.

Anorexia del destino y abulia del tiempo presente:

                                    infancia,

            amigos,

                                    exilio,

            hijos,

                                                distancia.

Acrópolis luminosa en el verano.
En invierno,
las brumas visitan las riberas.

Milicias perdidas junto al Duero,

   fantasmas,

     reyes,

       crónicas,

         ejércitos,

           contiendas.

Y Francisco de Valdés, el antihéroe,
taciturno testigo en la torre del combate,
cambió la historia desde el puente.

    Allá, a lo lejos, la catedral.

Elogio de la soledad frente al mar

Marineta Casiana. Denia, 7 abril 2023.

Esta brisa que peina la arena frente al mar.
Este sol de primavera que tiñe de plata la piel de las olas.

Y el sendero de piedras hasta el faro dormido en la distancia.

Esta cadencia ronca de las aguas.
Esta tempestad tranquila que golpea las aguas.

Y el canto de las sirenas que me llaman por mi nombre.

Esta vaporosa luz del atardecer
que quiebra los perfiles de la playa

     y abraza el horizonte eterno de los sueños imposibles.

Este día ya sin sol.
Esta madrugada sin estrellas.

Oscuridad vestida de requiebros a la luna.

Después,
navegar entre las páginas de este libro
abierto para ti,

hundir cualquier promesa de encontrarte
entre el ritmo y la cadencia que dan sentido a las estrofas.

Perderme en los misterios de la aurora,

confuso,

perplejo,

absorto,

reflexivo.

Y esta soledad buscada

que hace latir

este corazón irredento.

Golondrinas

Denia, octubre 2023.

Siembro palabras transparentes
entre líquenes verdiazulados del olvido.

Viven lejos, escondidas en la profundidad
de versos amortizados. Y nunca verán la luz.

En otro lugar que ya he olvidado
—distante y desconocido ahora—
fui sombra de lo que soy:

un hombre solitario que agita
una taza de café junto al mar;
la playa vacía enfrente.

Una brisa inesperada galopa, ágil,
sobre la espuma de las olas.

Es otoño en Denia.

Atesoro en el silencio de la tarde
la mirada y el gesto ilusionado
de todas las que fueron golondrinas en mi vida,

de aquellas que quisieron reposar
sus alas sobre mí, antes de emprender el vuelo.

También
de las otras que emigraron al sur
—a su pesar y al mío—
y volvieron después en primavera.

Y las que marcharon para siempre, sentadas ya
en el borde sutil de la nube de la ausencia,
prendidas para siempre en el elixir de la huida,

pienso
que volverán a ser pájaros eternos,

encaramados a la cornisa
de algún hotel de verano,

                    junto a este mar que nunca me olvidó.

Encuentro

Me tranquiliza saber que alguien me recordará en Macondo.

—Gabriel GARCÍA MÁRQUEZ, *La Hojarasca.*

Ella.

Inesperada sombra en el libro que encierra los recuerdos,
marcapáginas
de capítulos brillantes del pasado.

Irreconocible dibujo sobre la puerta del jardín.

Envuelta
entre las flores mustias del último septiembre
volvió al lugar donde murió el corazón

y sobrevive el deseo.

Ella

no es otra cosa que un golpe de viento en la bufanda,
torbellino de agua en un desierto sin oasis
del corazón roto.

Una caricia sin nombre,

una mirada distraída.

Ella

hace que vuele atrás para seguir atento sus pasos,
recordar
que existo cuando camino errante,

somnoliento poeta del cuarto turno de urgencias.

El buzón

Ya sólo acepto cartas de amor. Abstenerse intrusos.

Los mensajes se confunden y se mezclan
con un aluvión de folletos de correo comercial,

   multas,
               facturas,

y cartas inesperadas
en ese ataúd de metal verde
que aún tengo por buzón.

Aquí reposan el sueño eterno
—*sit tibi terra levis*—
notas de llegada y despedida,
colgadas en la distancia y el desapego,

clandestinos encuentros
versos de romántica adolescencia,

                      suspiros y vampiros.

Una mezcla desigual e interpretable
de los te-quiero, te-espero,
de los no-quiero-verte-más-y-me-voy.

Temblor de pasiones locas,
amores sin remitente,
emoción descompensada,

      silente melancolía.

Mi buzón —y ya termino—
no admite protestas ni quejas,
ni pólizas para denuncias varias,
ni avisos de devolución.

No existe caducidad
en el libro de registro.

Ni cambios ni tachaduras
en el de otro pasado alegre
—que también lo hubo—

pero ya no es.

Poemas ahogados junto al Duero

A Julio Sánchez, cirujano de
las nubes posadas sobre el río.

Zamora, mayo 2023.

I

Mis palabras y mi voz nacieron a tu paso.

Aprendí contigo la gramática del cortejo,
una sintaxis enmarañada de lo sublime y carnal,
filosofía del beso y pedagogía del acceso,
etéreas matemáticas de humos lejanos.

                Y metafísica de las estrellas.

A tu vista y con tu olor, con tus colores al fondo,
verdes, ocres y azulados, que se apagan unas veces
y otras más —muchas más— encendidos,
se forjaron ilusiones por cumplir,

mi vida,
           mi soledad deseada,
lecturas, victorias, derrotas,
en desorden lógico, descendente.
               Inesperadas tal vez.

Se aletargan los ojos, cansados
de descubrir luces y sombras extrañas
cuando me encuentro al oído
de ese bronco rumor seco,

                              roncas aguas,
aguas calmas y profundas del caudal
que viaja hasta el horizonte

                                    y se pierde más allá.

Y brotan dentro de mí
rimas viejas de romances que cantan:

río Duero, río Duero junto al puente,
que aún me acompaña y sorprende,

que me llama aquí y allá,
donde esté, adonde viva y vaya.

II

Busco regresar,
sentir una vez más la emoción de descubrirte
bajo sucesivos soles
                         y cielos de verano,

envejecidas capas de años y de silencios
—y también de vida—,
de voces jubilosas que celebran
el fin del día en las plazas.

Y el áspero viento del norte que acecha
sobre tantas tardes amarillas.

Colores de oro y de plata,
en este mes de mayo —feliz cumpleaños—
cuando vuelvo por fin a esta ciudad,

                    mi ciudad.

Y te busco sin querer, río Duero,
o quizá
queriendo querer estar a tu lado,

e intentar huir así
de tu voz y de tu magia,

de esa magia infantil que no perdiste,
que crece más con los años y sigue viva ante mis ojos,

que me lleva, inevitablemente,
Balborraz abajo —escalones de piedra—
hasta los árboles que duermen en la ribera,
y al puente de antes, el de siempre y el de ahora.

Y bajo presto la cuesta
para intentar sumergirme
en tu pasado y el mío,
que es casi siempre el mismo,
                    juntos otra vez.

Río Duero, río Duero,
hermano, amigo,
compañero.

III

Y los versos,

estos versos que pienso y escribo,
asentado entre los juncos, rostro al viento,
murallas, torre, ciudad al otro lado,
saltan aún entre remolinos del agua

como barcos de papel, alocados,
                              sin destino,
como es mi vida,

                    como soy yo.

Las estrofas, cargadas de ausencias
e inesperadas presencias,
se hunden pesadas,
                        muy despacio,
hasta el fondo de tu cuerpo de agua.

Y se van sin dolor. No hay sorpresa.
Sin queja de su triste destino.

Planean sobre el jardín y las flores,
desde este cielo abierto en primavera,
sin nubes que acechen todavía la tarde,

que me distraigan para salvar
las hojas de papel que vuelan —sin orden
y siempre alegres— desde el cuaderno
hasta el suelo.

Las dejo caer,

ya no importa.

Y los poemas, se ahogan sin agua en la orilla,
sin poder llegar al río,

para morir de amargura.

Ventana al mediodía

*(…) con qué anhelo contemplo a veces
las ventanas —cuándo se abrirá
una de ellas y qué ha de traerme— (…).*

—Konstantino KAVAFIS, «Ventana» (fragmento), en *Poesías
completas*, traducción de José Mª Álvarez.

Sobradillo de Palomares, diciembre 2022.

I

Ayer leí poemas tristes
detrás de la ventana que mira al mediodía.

Los últimos rayos del sol acarician el horizonte
cuando cae pronto la tarde.
Pintaron de color verde las copas del encinar.

Sueñan con atrapar la luz, que ya se pierde
entre las viejas paredes de esta casa
en la que dormita el olvido
para hacer pagar así la osadía de existir.

El campo duerme yermo de vida,
mecido por la niebla del invierno.
Y el viento arisco del norte acude puntual
—otro año más— a la cita de siempre.

Las sombras cubren la pradera,
pausadamente,
y difuminan sus contrastes al tintarla de grises y negros,

                              hasta romper sus nítidos perfiles.

El color verde se apaga, vencido
por la decrepitud y el ansia de renacer.

Una luz tardía, caprichosa,
regala su último brillo al cielo gris, ya pronto oscuro.
Brinca sobre las peñas al despedirse.

                         Como siempre ocurre
                         delante de mi ventana al mediodía.

Sentado al calor de la madera que hierve en la estufa,
puedo notar entre mis dedos
el temblor de las páginas de un libro inacabado
que ahora mismo no soy capaz de leer.

No hay prisa.
Aquí no existe esa palabra.

Y el cuaderno de poemas
—inseparable compañero de tantas noches—
duerme solo, tumbado a mi lado,

abierto,

pero sin despertar.

Las letras se desvanecen a la vista
entre palabras que no entiendo.

Y las palabras en frases que no me dicen nada,

que no aportan nada.

Y es igual.

II

Cobran vida por momentos
en este mes de diciembre, fin de año,
conversaciones en penumbra, confidencias,
fiestas de antaño, despedidas. Alguien que ya se fue.

Miradas tatuadas en el fuego
de un tiempo que no vuelve más,
pero que vive posado siempre
sobre esta dulce tristeza,
melancolía,
añoranza alegre, quizás atrevida,
que entrega la madrugada.

La noche se agota en los silencios.
Arden los sentidos entre recuerdos.

Tomo el lápiz.

                    Escribo otra vez.

                                Impetuosamente.

Y los versos caen desmayados,
muertos en el papel. Sin una queja,
sin un suspiro. Sin un latido del corazón.

Un manto de granito cristalino invade ahora el caserío,
regala
notas plateadas al paisaje que estalla ahora.

Levanto la vista, aún adormecida,
hasta esa ventana,
la ventana que siempre mira al mediodía.

Cierro despacio el cuaderno
y respiro el primer aliento fresco del amanecer.

        Como siempre hago,

                    delante de mi ventana al mediodía.

Huele a café recién hecho.
Una mañana como tantas otras.

Ni un pájaro en las ramas.

Ni una voz que pueda dar réplica vital
a un entorno cegado
por la más cruel monotonía,

transido por la fugacidad de la apariencia.

La cátedra de piedra

Con el recuerdo de Fernando Rey en estos años. Tempus fugit.

A Miguel Calleja, intérprete virtuoso del misterio de la imagen.

De frente, el horizonte ocre y verde.

Encinas milenarias y campos de arcilla acartonada,
ámbar entreverado del resto de la trilla.

Vacío alrededor del silencio contumaz:

                la nada persistente que palpa mi memoria.

Sopla alegre el viento fresco de la tarde
y cierro los ojos para ver más ciego este universo
de granito acomodado a la mudanza,

aristas de nostalgia al sol tibio de octubre,
sombras penitentes de impávido futuro.

Y se agitan las flores amarillas
de una mimosa imposible que crece libre
como un milagro vivo de esta tierra adusta.

Bailan sin ritmo ni armonía
un malicioso bolero que no tiene final feliz,

para rodar después por la cuesta

y no volver jamás.

La cátedra de piedra sobre la que me siento ahora,
lancha milenaria del corazón de esta tierra,
no tiene alabanzas ni gloria.

No hay coros de voces juveniles
ni toca el timbre a las horas.

La clase terminó.

Aquí sólo se espera a que pase el tiempo sin prisa.
Respiro una ráfaga de otoño.

Vuelan bandadas de vencejos

antes de caer el sol.

EPÍLOGO

EPÍLOGO

Primera estancia

Ahora soy
lo que me dejar ser los recuerdos.
Pájaro ingrávido en el tejado.

Conversación

A mi madre.

I

Cierra la ventana, que llueve. A merendar.
Ven pronto, no tardes.
Y a las diez en casa sin falta, no te olvides.
Cuidado con lo que haces, con quién vas.
Y qué listo es el niño: cinco años.
Ya se sabe los ríos y los montes.
Será alguien en la vida.
Y las provincias también.Todo en el mapa de hule, gastado
y con olor a comida.
Y se va. Y se fue a estudiar.
Y estudió no-sé-muy-bien-qué.
Y volvió el favorito. Las natillas, golosinas más que
golondrinas.
Y sus hijos. Otra vez los veranos de paseo.
Y Valorio, el pimiento y la tortilla.

Y no fumes: mira tu padre.

II

Ya pasó todo.
La muerte te llevó allende el río,
al jardín donde no hay tilos ni tampoco primavera,

        a la soledad entreverada de cipreses.

Aquí estoy sentado, madre,
en este familiar granito que ahora ya es tu casa,
sin balcón a calle alguna ni puerta abierta,
sin tormentas de verano que me empapen
como entonces,
en aquel mirador sobre la plaza
tapizado de geranios en flor perpetua,

        esperando siempre una caricia, tu llamada.

Y aquel niño que ya no soy,
cansado y vencido por tu ausencia,
voló, por fin, con los vencejos a patria ajena.

        Y allí quedaste, esperando mi vuelta.

Huele hoy aún a tierra mojada,
a esta misma tierra que piso ahora,

    con rabia,
        sin consuelo,

que araña tu recuerdo en las esquinas de la cuesta
cuando emprendo la ruta,
cuando corro a tu encuentro en silencio,

mientras camino por el puente
y tropiezo, mirada al frente, triste,
hasta llegar sin voz al cementerio.

Y aquí estoy, madre,
viviendo en la memoria,
colgado en una pena que no duerme,
sin saber qué hacer,

sin saber qué decir cuando vengo a visitarte.

Para hablar y no esperar respuesta,
sin que puedas abrazar
éste que fue cuerpo de niño
con aquel abrigo azul de aquella infancia.

Tu mano aprieta fuerte la mía.
Qué frío hace esta mañana, madre.

Los cipreses no abandonan a los muertos.
Son testigos sin voz de despedida.

Son amigos sin duelos pasajeros.

Segunda estancia

Ahora es tiempo de seguir
el vuelo del ruiseñor de Keats
en la arboleda del jardín.

CALIPSO: Odiseo, no hay nada nuevo. Incluso tú, como yo, quieres detenerte en una isla. Ambos estamos cansados de un pesado destino. ¿Para qué seguir? ¿Qué importa que la isla no sea aquella que buscabas? Aquí nunca nada sucede: un poco de tierra y un horizonte. Aquí puedes vivir siempre.

—Cesare PAVESE. *Diálogos con Leucó*,
traducción de C. Clavería Laguarda.

Regreso a Ogigia

Homero quizá se olvidó de escribir alguna vez el arrepentimiento
de Ulises y su vuelta inesperada a Ogigia.No llegó a conocer a
John Keats y tampoco a Percy B. Shelley. Nunca
pudo leer este libro de poemas.

> *A Sotero García. Viajero sin ruta fija.*
> *Instalado para siempre junto a las aguas del Arlanza.*

Seguiré buscando la gruta oscura del amor,
la mansión de la ninfa de las hermosas trenzas.

Detrás de rascacielos y autopistas,
de chimeneas grises que ensucian los cielos,
ciudades donde se mezclan humos y gritos
que me impiden oír la voz afilada del viento
y la música de las alondras al amanecer,

vendrá el silencio que me lleva a ti.

Oteo al final del túnel.
Puentes trazados sobre la mar.

> Se acerca el fin del viaje.

Ya están aquí —caminante extraviado
en un mundo que no conozco—
los cipreses olorosos,
los cuatro ríos de agua fresca que alivian mi sed,

aquellos prados verdes del jardín
donde brotan las violetas de Shelley
sobre el cuerpo de un hombre que las siente crecer,

para morir en paz con sus versos.

Y la vida sólo tiene sentido con ella,

con su cuerpo tibio al atardecer
en los días que ya serán eternos.

Suenan cantos melodiosos de sirenas
bajo el cielo estrellado de tu isla.